Kerstin Dierig

Mobiles zum Träumen

aus Moosgummi

frechverlag

Im frechverlag sind viele tolle Bastelbücher erschienen:

TOPP 2265

TOPP 2440

TOPP 2605

TOP 2604

TOPP 2602

TOPP 2578

Fotos: frechverlag GmbH + Co. Druck KG, 70499 Stuttgart;
Fotostudio Ullrich & Co., Renningen

Dieses Buch enthält:
1 Vorlagenbogen

Auflage: 5. 4. 3. 2. 1. | Letzte Zahlen
Jahr: 2004 2003 2002 2001 2000 | maßgebend

frechverlag GmbH + Co. Druck KG, 70499 Stuttgart

ISBN 3-7724-2617-4 · Best.-Nr. 2617

Druck: frechverlag GmbH + Co. Druck KG, 70499 Stuttgart

Es genügt schon ein kleiner Luftzug und ein Mobile setzt sich wie von Zauberhand in Bewegung. Es fängt die Blicke ein und durch seine gleichmäßigen und beruhigenden Bewegungen gerät man schnell ins Träumen.

„Weißt du, wieviel Sternlein stehen ...?" Dann zählen Sie doch einfach die Sterne des Sternenhimmels, der über dem Bettchen schwebt. Ein kuscheliges Bärchen ist schon bereit zum Schlafen und wartet nur noch darauf, bis das Sandmännchen kommt und „Gute Nacht" sagt. Wenn all diese Mobiles nicht in den Schlaf verhelfen, ist ein Wolkenschäfchen-Mobile das Richtige, denn mit Schäfchen zählen klappt es ja bekanntlich immer. Wer es lustiger mag, wählt den Clown Peppino, der sich im Jonglieren versucht, die hüpfenden Delfine oder das stürmische Drachenwetter. Mit dem Happy Birthday-Mobile schläft Ihr Kind sicherlich gut in seinen Geburtstag hinein.

Buntes Moosgummi ist ideal für all diese luftigen Träume, die sich leicht nachbasteln lassen. Die Mobiles werden Sie und Ihre Kleinen in ihren Bann ziehen und sie lassen sich auch wunderbar verschenken.

Viel Spaß beim Nachbasteln und Träumen

Material

Moosgummi

Alle Motive in diesem Buch sind überwiegend aus 2 mm dickem Moosgummi gearbeitet. Bei kleinen Teilen oder vielen Klebeschichten wird 1 mm starkes Moosgummi und bei Teilen, auf die nichts oder wenig geklebt wird, 3 mm starkes Moosgummi verwendet.
Moosgummi gibt es in einer großen Farbauswahl und verschiedenen Plattengrößen im Fachhandel.

Für einige Bastelarbeiten benötigen Sie Moosgummi mit Wellenstruktur. Bei Moosgummi mit Wellenstruktur ist die Rückseite glatt, sodass Sie ohne weiteres die Vorlage darauf übertragen können.

Weiteres Material

- Mobilestangen aus Holz oder Metall oder Rundholzstäbe
- Weißes Nähgarn
- Holzperlen in verschiedenen Farben und Größen
- Wackelaugen, rund oder oval
- Krepppapier, Knöpfe, Metallschellen, Geschenkband, Watte

Bastelwerkzeug

- Lochzange
- Bastelschere
- Cutter
- Kreisschneider
- Schneideunterlage, evtl. dicker, fester Karton zum Schutz der Arbeitsfläche
- Heißklebepistole oder UHU-Alleskleber-Kraft
- Papier-Schnellkleber mit feiner Spitze
- Pappe, Butterbrot- oder Transparentpapier
- Schwarzer wasserfester Stift
- Bleistift, Stärke 5 B und HB

So wird's gemacht

Schablonen erstellen

Die gewünschten Motive mit Butterbrot- oder Transparentpapier vom Vorlagenbogen mit einem weichen Bleistift der Stärke 5 B abpausen.
Dann den Bogen mit der Bleistiftzeichnung nach unten auf eine Pappe legen und das Motiv mit einem festen spitzen Bleistift auf der Rückseite des Papiers mit etwas Druck nachzeichnen. Hierbei wird das Motiv auf die Pappe übertragen. Das Motiv nun sauber mit einer Schere oder einem Cutter ausschneiden. Fertig ist die Schablone.

Motive ausschneiden

Die Pappschablonen auf das Moosgummi legen und die Konturen mit einem Bleistift umranden. Bei dunklen Farben einen weißen Farb- bzw. Kreidestift verwenden.
Die Motive, möglichst ohne viel abzusetzen, mit einer langen Bastelschere ausschneiden, d.h. die ganze Länge der Klingen nutzen und vom Anfang bis zur Spitze durchschneiden. Erst dann neu ansetzen.

Ebenso kann mit einem Cutter ausgeschnitten werden. Hierbei unbedingt eine Schneideunterlage oder dicken Karton zum Schutz des Tisches verwenden. Den Cutter mit leichtem Druck, möglichst ohne abzusetzen, durch das Moosgummi ziehen. Eventuell das Moosgummi samt Unterlage drehen, um weiter schneiden zu können. Stumpfe Klingen austauschen, damit die Schnittflächen nicht ausfransen. Mit dem Cutter lassen sich besonders gut Ecken schneiden.
Kreise lassen sich gut mit dem Kreisschneider ausschneiden. Der gewünschte Durchmesser kann, ähnlich wie bei einem Zirkel, eingestellt werden. Den Kreisschneider durch das Moosgummi in die Unterlage stechen und die Klinge mit leichtem Druck drehen.

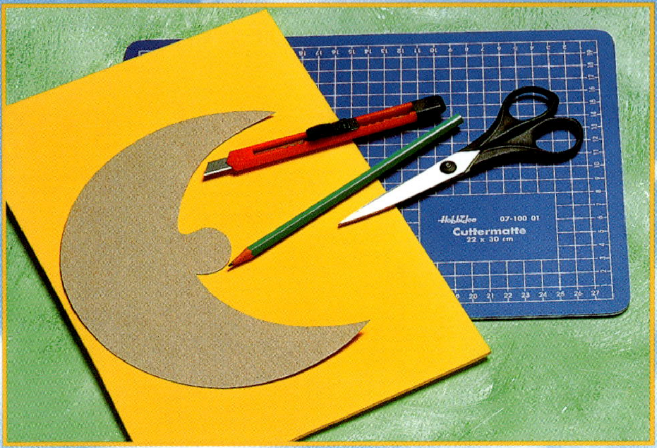

Kleben der Moosgummiteile

Um eine schnelle und dauerhafte Verbindung zu erhalten, eignet sich besonders gut Heißkleber aus der Klebepistole. Heißkleber ist zudem lösungsmittelfrei, geruchsarm und klebt sämtliche Materialien dauerhaft.
Den Kleber sparsam auftragen und die Teile vorsichtig aufeinander drücken. Sorgfältig arbeiten, denn diese Verklebungen lassen sich nicht korrigieren. Herausquellenden Heißkleber sofort mit einem Holzstäbchen entfernen.

VORSICHT! Diese Klebemethode eignet sich nicht für Kinder, da der Klebstoff sehr heiß wird. Bitte nur unter Aufsicht von Erwachsenen verwenden.

Ebenso eignet sich UHU-Alleskleber-Kraft. Hierbei können die Teile jedoch erst nach dem vollständigen Trocknen weiter verwendet werden. Verklebungen sind vor dem Trocknen noch korrigierbar.
Zum Ankleben der Aufhängefäden an die Mobilestangen eignet sich unsichtbar auftrocknender Papier-Schnellkleber mit einer feinen Spitze. Damit lässt er sich punktgenau auftragen und gut dosieren. Nach dem Trocknen sind die Klebestellen nicht zu sehen und das Mobile lässt sich, sollte es einmal herunterfallen, schnell wieder aufhängen, ohne es vorher auspendeln zu müssen.

Mobile aufhängen

Zur Aufhängung der Mobileteile gibt es im Fachhandel gerade Mobilestangen aus Holz und vorgebogene aus Metall. Man kann auch Rundholzstäbe mit 3 mm Durchmesser verwenden, die auf die gewünschte Länge gekürzt werden können.

Die einzelnen Mobileteile an den markierten Stellen oberflächlich mit einer Nadel anstechen und auspendeln. Wenn sie nicht wie gewünscht hängen, neu anstechen. Den Faden mithilfe einer Nadel durch das Moosgummi ziehen, zur Hälfte nehmen und die Enden zusammenknoten.

Eine Schlaufe bilden und damit die Mobileteile an die Mobilestangen hängen. Dann das Mobile zunächst auf dem Tisch liegend arrangieren. Auf diese Weise kann man am besten die endgültige Länge der Aufhängfäden bestimmen. Bei Bedarf die Aufhängfäden etwas kürzer knoten oder einen längeren Faden nehmen.

Die Holzperlen auf die Enden der Mobilestangen stecken. Ist der Holzstab für die Bohrungen der Holzperlen zu groß, kann man diese mit dem Cutter oder einem Bleistiftanspitzer passend schnitzen.

Bevor das Mobile fixiert wird, wird es aufgehängt um zu überprüfen, ob alle Teile frei beweglich sind, nicht aneinander stoßen und die Mobilestangen waagerecht hängen. Eventuell muss man einzelne Mobileteile verschieben, um das Gleichgewicht zu finden. Oft klappt es nicht gleich auf Anhieb. Man muss die richtigen Punkte erst finden.

Die Aufhängung der oberen Mobilestangen geht bei gleicher Gewichtsverteilung, d.h. bei gleichen Motiven auf jeder Seite, von der Mitte der Stange aus. Bei ungleicher Gewichtsverteilung jeweils ein Ende des Aufhängefadens an der linken und eines an der rechten Seite der Mobilestange festknoten und fixieren.
Ggf. noch Holzperlen auffädeln.

Schmetterlingstreffen

Abbildung Seite 3

Material

- Moosgummi
- Moosgummi mit Wellenstruktur
- 2 Holzmobilestangen, 30 cm
- 4 gelbe Holzperlen, 15 mm ø
- 1 weiße Holzperle, 15 mm ø
- 4 weiße Holzperlen, 5 mm ø
- Je 1 rote, gelbe, grüne, blaue Holzperle, 10 mm ø
- 4 naturfarbene Holzoliven, 4 mm ø
- 4 Metallschellen, 9 mm ø
- 8 runde Wackelaugen, 8 mm ø

Mobilekreuz wie beim Kuschelbärchen-Mobile (Seite 17) beschrieben basteln. Für die obere Aufhängung einen 30 cm langen Faden anknoten, darauf einen großen Kreis aus gelbem Mossgummi mit Wellenstruktur auffädeln. Auf die glatte Seite des Gegenstücks einen Blütenkranz aus acht kleinen weißen Kreisen anbringen und diesen dann von unten gegen das Mobilekreuz und den oberen Kreis kleben. In der Mitte eine große weiße Holzperle fixieren. Auf die Enden je eine große gelbe Holzperle aufstecken. Nase und Mund aufmalen und die Wackelaugen anbringen. Eine Längsseite des Rechtecks auf eine markierte Linie des Körpers kleben, zu einem Tunnel biegen und ebenso befestigen. Auf die Flügelteile die Umrandungen und diese neben dem Rückentunnel auf den Körper kleben. Auf dem Bauch eine Holzolive anbringen und einen Faden durchziehen. Eine kleine weiße Perle auffädeln und eine Schelle anknoten.
Für die Aufhängung einen 40 cm langen Faden durch den Rückentunnel ziehen, verknoten, eine bunte Holzperle auffädeln und an die Enden der Mobilestange hängen. Die Schmetterlinge können in jeder beliebigen Position aufgehängt werden, z.B. waagerecht für Babys.

Wolken, Mond und Sterne

Material

- Moosgummi
- 1 Holzmobilestange, 30 cm lang
- 2 Holzmobilestangen, 15 cm lang
- 6 gelbe Holzperlen, 10 mm ø
- 6 blaue Holzperlen, 10 mm ø
- 2 ovale Wackelaugen, 15 mm

Dem Mond auf jeder Seite einen roten Mund, ein Wackelauge und unterhalb des Mundes am Mondrücken eine weiße Wolke ankleben. Die hellblaue Wolke auf der anderen Seite des Mondes so gegenkleben, dass unten ein breiter Rand von der weißen Wolke zu sehen ist. Mit einem 40 cm langen Faden in die Mitte der langen Mobilestange hängen.

Jeweils eine weiße und hellblaue Wolke überlappend zusammenkleben, d.h. auf jeder Seite sollte ein breiter Rand der anderen Farbe zu sehen sein. Oben einen 40 cm und unten einen 20 cm langen Faden anknoten. Auf den kurzen Faden je zwei gelbe Holzperlen aufziehen und eine kurze Mobilestange daran befestigen.

Die Sterne mit einem 15 cm langen Faden versehen und jeweils drei an einer kurzen Mobilestange befestigen. Hierbei die mittleren Sterne etwas kürzer knoten.
Blaue Holzperlen auf die Mobilestangen aufstecken. Die restlichen Sterne rechts und links vom Mond an der langen Mobilestange anbringen.

Die Wolken-Sterne-Elemente an die Enden der langen Mobilestange hängen. Zur Aufhängung in die Mitte der langen Mobilestange einen 30 cm langen Faden knoten und zwei gelbe Holzperlen auffädeln.

Das Sandmännchen kommt

Material

- Moosgummi
- 1 Holzmobilestange, 30 cm
- 2 runde Wackelaugen, 8 mm ø
- 4 grüne Holzperlen, 10 mm ø

Für den Sandmann die Stiefelteile von vorne und hinten an die Hose kleben und die Ränder zusammendrücken. Das Hosenteil, das Gesicht und die Hände von hinten gegen das vordere Jackenteil kleben. Das Ganze mit dem Jackenteil verstärken. Um den Hals herum den Umhang legen und vorne am Kragen fixieren. Auf den Hinterkopf das längere Haarteil, das kürzere an das Mützenvorderteil und mit diesem an den Kopf kleben. Das hintere Mützenteil wird gegengeklebt. Mit den Wackelaugen, der Nase und dem Bart das Gesicht gestalten. Zuletzt den Mund mit wasserfestem Stift aufmalen. Den Sack mit den kleinen Sternen verzieren und mit einem schmalen Moosgummistreifen „verknoten". Das Sandmännchen erhält einen Moosgummistreifen als Gürtel. Die Streifen am Knoten fixieren.
Je eine hellblaue und eine weiße Wolke überlappend verkleben. An das Wolkenauto auf beiden Seiten die Reifen und je einen Stern festkleben. Für das Lenkrad das Wolkenauto an der Markierung einschneiden. Die Lenkstange einstecken und das Lenkrad darauf fixieren.

Mit einem 20 cm langen Faden die Spitze eines großen Sterns mit einem Wolkenpaar verbinden und das Ganze mit einem 12 cm langen Faden an die Mobilestange hängen. Der Sandmann wird mit einem Faden (20 cm) an ein Wolkenpaar und dieses dann mit einem 12 cm langen Faden an die Mobilestange gehängt. An dieses Wolkenpaar seitlich noch einen großen Stern anhängen. Zwei kleine sowie einen kleinen und einen großen Stern mit unterschiedlich langen Fäden untereinander aufhängen und zuletzt dem Mond noch einen Stern anhängen. Alle Anhänger an die Mobilestange knoten. Einen Faden (40 cm) rechts und links an die Enden der Mobilestange anknoten. Zum Schluss zwei Holzperlen aufstecken und zwei Holzperlen auf den Aufhängefaden fädeln.

Vogelgezwitscher

Material

- Moosgummi
- 2 Holzmobilestangen, 30 cm
- Je 2 rote, gelbe, grüne und blaue Holzperlen, 10 mm ø
- Je 1 rote, gelbe, grüne und blaue Holzperle, 15 mm ø
- 1 Metallschelle, 9 mm ø
- 8 runde Wackelaugen, 8 mm ø

Mobilekreuz wie beim Kuschelbärchen-Mobile (Seite 17) beschrieben basteln.

Für die obere Aufhängung einen 30 cm langen Faden anknoten, einen großen Kreis in Gelb, eine grüne Holzperle, einen kleinen Kreis in Rot und eine blaue Holzperle auffädeln. Nach unten hängend einen 40 cm langen Faden anknoten und zunächst einen großen Kreis in Grün auffädeln und diesen mit dem oberen gelben Kreis zwischen den Mobilestangen verkleben. Dann eine gelbe Holzperle, einen kleinen Kreis in Blau und eine rote Holzperle ankleben. Zuletzt die vier übrigen kleinen Holzperlen auffädeln und eine Metallschelle anknoten.

Auf die Enden der Mobilestangen je eine große Holzperle stecken.

Den Vogelkörper, den Schwanz und den Schnabel an den Markierungen einschneiden, die Einschnitte abtrennen. Dann den Schwanz aufstecken und mit wenig Klebstoff fixieren. Den Schnabel in der Mitte durchschneiden und ein Teil v-förmig an die Schnittkante des anderen Teils festkleben. In den Einschnitt am Kopf kleben.

Das kleinere Schnabelteil in den geöffneten Schnabel kleben. Am Kopf auf beiden Seiten je ein Wackelauge anbringen. Die Flügel bis zur Mitte durch den Bauchschnitt ziehen.

Zwei Vögel an einem 50 cm, zwei an einem 70 cm langen Faden an die Enden der Mobilestangen hängen.

Schäferstündchen

Material

- Moosgummi
- 1 Metallmobilestange, 25 cm
- 2 Metallmobilestangen, 15 cm
- 12 grüne Holzperlen, 10 mm ø
- 16 runde Wackelaugen, 8 mm ø
- 2 ovale Wackelaugen, 10 mm

Vier Schafe wie beim Mobile Schäfchen zählen (Seite 18) beschrieben, basteln.
Für den Schäfer das Oberteil zweimal ausschneiden und den Kopf und das Hosenteil dazwischen befestigen. Hände und Schäferstab ankleben. Das Gesicht mit Bart, Wackelaugen, Augenbrauen, Nase, Bart gestalten. Zuletzt den Haarkranz am Hinterkopf ankleben. Einen 30 cm langen Faden anknoten und in die Mitte der langen Mobilestange hängen.

An das Zaunelement oben einen 30 cm und unten einen 20 cm langen Faden anknoten. Auf den unteren Faden zwei Holzperlen auffädeln und eine kurze Mobilestange anhängen. Holzperlen aufstecken und an die Enden jeweils ein Schaf hängen.

Zwei überlappend verklebte Wolkenpaare mit 10 cm langen Fäden versehen und an die lange Mobilestange rechts und links neben den Schäfer hängen. An den Enden jeweils ein Zaun-Schäfchen-Element anhängen und Holzperlen aufstecken.

Schlaf gut!

Abbildung Seite 16

Material

- Moosgummi
- 1 Holzmobilestange, 30 cm
- 2 Holzmobilestangen, 15 cm
- 8 blaue Holzperlen, 10 mm ø
- 4 gelbe Holzperlen, 10 mm ø
- 16 runde Wackelaugen, 8 mm ø
- 2 ovale Wackelaugen, 15 mm

Schafe wie beim Mobile Schäfchen zählen (Seite 18) basteln. Für den Mond die Augenlider zu $^3/_4$ auf die Wackelaugen kleben und mit einem schwarzen Stift den Lidstrich ziehen. Dem Mond von vorn, dann von hinten die Schlafmütze, als Abschluss den Mützenrand aufkleben. Die Bommel ringsherum einschneiden.
Die Nasenlinie mit dem Cutter einschneiden und nach vorn drücken. Unter die Nase die hellblaue Wolke samt Händen kleben. Die weiße Wolke von hinten so gegenkleben, dass der Naseneinschnitt verdeckt, die weiße Wolke aber von vorn zum Teil sichtbar ist. Einen 20 cm langen Faden anknoten und in die Mitte der langen Mobilestange hängen. Holzperlen aufstecken.

Je eine hellblaue und eine weiße Wolke überlappend zusammenkleben, oben und unten einen 30 cm langen Faden anknoten. Auf den unteren Faden je zwei Holzperlen auffädeln und eine kurze Mobilestange anhängen. Holzperlen aufstecken.

In die Mitte der kurzen Mobilestangen ein Zaunelement und an die Enden jeweils ein Schaf hängen. Die beiden Mobileelemente an die Enden der langen Mobilestangen hängen und jeweils eine Holzperle aufstecken. In die Mitte der langen Mobilestange einen 30 cm langen Faden knoten und zwei Holzperlen auffädeln.

Schlaf gut!

Beschreibung Seite 14

Kuschelbärchen

Material

- Moosgummi
- Moosgummi mit Wellenstruktur
- 2 Holzmobilestangen, 30 cm
- 1 Holzmobilestange, 15 cm
- 6 blaue Holzperlen, 10 mm ø
- 4 gelbe Holzperlen, 10 mm ø
- 8 weiße Holzperlen, 5 mm ø
- 2 ovale Wackelaugen, 10 mm
- Watte

Je eine hellblaue mit einer weißen Wolke überlappend verkleben und einen 25 cm langen Faden befestigen. An die Sterne werden 15 cm lange Fäden geknotet und jeweils eine kleine weiße Holzperle aufgefädelt.

Das Kissen an drei Seiten verkleben, mit Watte bauchig füllen und zukleben. Dem Teddy das bemalte Nasenteil und die Wackelaugen ankleben. Die Schlafmütze zuerst von vorn, dann von hinten ankleben. Die Mütze mit Krempe und Bommel verzieren.

Das Kissen auf dem Teddybauch, die Arme drum herum fixieren und den Teddy auf die weiße Wolke kleben. Diese mit einem aufgeklebten Stern (vorn und hinten) verzieren. Zwei kleine Sterne hängen mit je einer aufgefädelten Perle an beliebig langen Fäden an der Wolke.

Für die Aufhängung zwei lange Mobilestangen zum Kreuz legen. An der Stelle, wo sie sich kreuzen an beiden Stangen mit einem Bastelmesser etwas Holz abschaben, bis das Kreuz auf dem Tisch aufliegt, ohne zu wackeln und verkleben. Für die Aufhängung einen 30 cm langen Faden befestigen. Knoten Sie einen weiteren Faden (40 cm) an und fädeln zwei gelbe Perlen auf. An diesem Faden eine kurze Mobilestange befestigen. An diese das Bärchen mit einem 30 cm langen Faden hängen. Rechts und links davon einen großen Stern hängen und je eine blaue Holzperle aufstecken.

An jeden Mobilestab des Kreuzes einen kleinen Stern mit Perle und eine Wolke anhängen. Die Fäden sind beliebig lang. Zuletzt die blauen Holzperlen aufstecken.

Schäfchen zählen

Material

- Moosgummi
- 1 Holzmobilestange, 30 cm
- 2 Holzmobilestangen, 15 cm
- 10 blaue Holzperlen, 15 mm ø
- 16 runde Wackelaugen, 8 mm ø
- 2 ovale Wackelaugen, 15 mm

Den Mond ausschneiden und mit Wackelaugen und Mund verzieren. Auf die Teile für die Schlafmütze die blauen Streifen aufkleben.

Die Mütze so auf den Mond kleben, dass ringsherum ein kleiner Rand stehen bleibt. Das andere Mützenteil gegengleich aufkleben. Dann den Mützenrand ankleben. Als Abschluss den Kreis für die Bommel mit der Schere ringsherum einschneiden und an der Mützenspitze befestigen.

An den Markierungen des Mondes je einen 25 cm langen Faden anknoten. Auf den unteren Faden zwei Holzperlen aufziehen und eine kurze Moosgummistange anbringen.

Für die Schafe zunächst die Ohren, darauf den Schopf und die Wackelaugen auf das Kopfteil kleben.
Mit einem schwarzen Stift das Gesicht aufmalen. Jeweils ein Kopfteil auf die Vorderseite und gegengleich auf die Rückseite des Schafes kleben. Den Schwanz und die Beine sowie die markierten Stellen des Körpers einkerben, die Einschnitte abtrennen, die einzelnen Teile aufstecken und festkleben. Einen Faden (20 cm) anknoten und je ein Schaf an die Enden der kurzen Mobilestange hängen.
In die Mitte der kurzen Mobilestange einen 25 cm langen Faden knoten, zwei Holzperlen auffädeln.

Die drei Sterne mit unterschiedlich langen Fäden an der langen Mobilestange anbringen. Den Mond mit den Schafen sowie den Schafanhänger jeweils an die Enden der Mobilestange hängen Holzperlen aufstecken. Zur Aufhängung des Mobiles rechts und links an die Mobilestange einen Faden (60 cm) anknoten. Durch die ungleiche Gewichtsverteilung muss man den richtigen Punkt zum Aufhängen erst finden.

Clown Peppino

Material

- Moosgummi
- 2 Holzmobilestangen, 30 cm
- 13 lila Holzperlen, 10 mm ø
- 1 lila Holzperle, 15 mm ø
- 4 pinkfarbene Holzperlen in Kegelform
- 2 runde Wackelaugen, 8 mm ø
- 2 lila Knöpfe

Mobilekreuz wie beim Kuschelbärchen-Mobile (Seite 17) beschrieben basteln. An den Enden eine kegelförmige und eine runde Holzperle aufstecken.

Kopf, Hände, Schuhe und Knöpfe an den Clownkörper kleben. Die Nahtstellen der Ärmel, der Hosenbeine und des Kragens an Vorder- und Rückseite mit den Rüschen verdecken.

Am Kopf von hinten das Haarteil gegenkleben und mit den Wackelaugen, der Holzperlennase und dem Mundteil das Gesicht gestalten. Mit einem schwarzen Stift Mund und Wimpern aufmalen. Den Hut am Kopf fixieren und die Krempe vorn und hinten auf die Nahtstelle kleben. Einen 40 cm langen Faden anknoten. Darauf einen pinkfarbenen Kreis aufziehen und in die Mitte des Kreuzes hängen.

Zur Aufhängung einen 30 cm langen Faden an das Mobilekreuz knoten, einen lila Kreis aufziehen und diesen mit dem unteren Kreis verkleben. Eine große Holzperle in den Aufhängefaden einfädeln.

Für die 8 Bälle jeweils einen Kreis in den Farben Lila, Pink und Rosa ausschneiden. Zwei davon wie markiert einschneiden, ineinanderstecken, etwas breit drücken und an den Schnittflächen mit wenig Klebstoff fixieren. Den dritten Kreis in der Mitte durchschneiden, Klebstoff auf der Schnittfläche verteilen und zwischen die breitgedrückten, ineinandergesteckten Kreise kleben (siehe Skizze).

Vier Bälle mit einem 30 cm langen Faden außen und vier Bälle mit einem 15 cm langen Faden in die Mitte der Mobilestangen hängen. Zuvor noch je eine Holzperle auffädeln.

Glückskäfer

Material

- Moosgummi
- 1 Holzmobilestange, 30 cm
- 2 Holzmobilestangen, 15 cm
- 12 rote Holzperlen, 10 mm ø
- 16 ovale Wackelaugen, 10 mm

In die Mitte der Blüten von beiden Seiten je einen weißen Kreis aufkleben. An die kleinen Blüten einen 10 cm langen Faden, an die große einen 25 cm langen Faden anknoten.

An den Blättern an den Markierungen je einen 30 cm langen Faden anbringen. Auf einen Faden zwei Holzperlen auffädeln und eine kurze Mobilestange anhängen. In die Mitte der Mobilestange eine kleine Blüte hängen. Holzperlen aufstecken.

Auf den Käferkörper auf jeder Seite zwei Wackelaugen und zwei Flügelteile mit je drei schwarzen Punkten kleben. Mit einem 20 cm langen Faden an die Enden der kurzen Mobilestange hängen.

In die Mitte der langen Mobilestange die große Blüte hängen. Für die Aufhängung einen 30 cm langen Faden anknoten und zwei Holzperlen auffädeln.

An die große Mobilestange rechts und links der großen Blüte je eine kleine Blüte und an die Enden je ein Blatt-Käfer-Mobileelement hängen. Holzperlen auf die Enden der kurzen Mobilestangen aufstecken.

Weißt du wieviel Sternlein stehen?

Material

- Moosgummi
- 1 Holzmobilestange, 45 cm
- 1 gelbe Holzperle, 20 mm ø
- 2 gelbe Holzperlen, 15 mm ø
- 2 gelbe Holzperlen, 10 mm ø
- 23 weiße Holzperlen, 5 mm ø
- 2 ovale Wackelaugen, 15 mm

In die Mitte der Mobilestange die größte Holzperle ziehen, an den Enden jeweils eine große und eine mittlere Holzperle aufstecken.

Drei Anhänger mit je einem großen, zwei mittleren und zwei kleinen Sternen in unterschiedlicher Anordnung basteln. Die Sterne untereinander mit einem 12 cm langen Faden verbinden und jeweils eine weiße Holzperle auffädeln. Hierbei zuerst den Faden durch einen Stern ziehen und eine Perle auffädeln. Dann ein Fadenende durch den anderen Stern durchziehen und die Enden verknoten. Die abstehenden Fäden knapp abschneiden und den Knoten in das Moosgummi oder die Perle ziehen. Immer abwechselnd in eine Zacke und zwischen die Zacken stechen.

Den mittleren Sternanhänger mit einem 10 cm langen, die beiden anderen Elemente mit einem 20 cm langen Faden an der Mobilestange anbringen.

Dem Mond auf jeder Seite einen roten Mund und ein Wackelauge ankleben. Einen großen und drei kleine Sterne jeweils mit einem 10 cm langen Faden wie markiert anhängen. Dabei, wie oben beschrieben, eine Holzperle aufziehen. Den Mondanhänger mit einem 25 cm langen Faden an die Mobilestange hängen. Zuvor ebenfalls eine kleine Holzperle aufziehen.

Rechts neben dem Mond einen mit einer Holzperle aufgefädelten Stern befestigen. An das linke Ende der Mobilestange zwei Sterne untereinander, mit einer kleinen Holzperle dazwischen, hängen.

Zur Aufhängung des Mobiles rechts und links an die Mobilestange einen 40 cm langen Faden anknoten. Die kleinen Holzperlen am Faden zwischen den einzelnen Elementen festkleben.

Da springt Flipper

Material

- Moosgummi
- 1 Metallmobilestange, 25 cm
- 2 Metallmobilestangen, 15 cm
- 1 blaue Holzperle, 15 mm ø
- 8 blaue Holzperlen, 10 mm ø
- 5 gelbe Holzperlen, 10 mm ø
- 4 ovale Wackelaugen, 10 mm

Für die zwei Delfine je ein Bauchteil und ein Wackelauge auf die Vorder- und Rückseite des Delfinkörpers kleben. An den Markierungen jeweils einen 25 cm langen Faden anknoten. Auf den unteren Faden eine Holzperle auffädeln und eine kurze Mobilestange anhängen.

Vier Bälle mit 6 cm und einen Ball mit 8 cm Durchmesser in den Farben Gelb, Grün und Blau wie beim Clown-Mobile (Seite 20) beschrieben basteln. Je einen 15 cm langen Faden anknoten, eine Holzperle auffädeln und an den Enden der kurzen Mobilestangen befestigen.

Die große Kugel in die Mitte der langen Mobilestange hängen. Ebenso den 30 cm langen Aufhängefaden, auf den noch eine große Holzperle gefädelt wird. An die Enden der Mobilestange die Elemente mit den Delfinen und Bällen hängen und Holzperlen aufstecken.

Bunte Jumbos

Material

- 1 Holzmobilestange, 30 cm
- 2 Holzmobilestangen, 15 cm
- 10 lila Holzperlen, 10 mm ø
- 4 naturfarbene Holzperlen, 8 mm ø
- 6 naturfarbene Holzoliven, 4 mm ø
- 8 runde Wackelaugen, 8 mm ø
- Baumwollfaden

Elefantenkörper und Ohren an den Markierungen einschneiden, Einschnitte abtrennen, Teile ineinanderstecken und mit wenig Klebstoff fixieren. Stoßzähne und Wackelaugen auf beiden Seiten ankleben.

Für den Schwanz einen 10 cm langen Baumwollfaden durchziehen, eine Holzperle aufstecken und dahinter einen dicken Knoten binden, sodass die Holzperle nicht abrutschen kann. Die Fadenenden auseinanderdrehen.

Jedem Elefant einen 20 cm langen Faden anknoten und an die Enden der kurzen Mobilestangen hängen. Zur Aufhängung an eine kurze Mobilestange einen 35 cm langen und an die andere einen 70 cm langen Faden anknoten, je drei Holzperlen auffädeln und die Elemente an die Enden der langen Mobilestange hängen. Holzoliven auf die Mobilestangen stecken.

Zur Mobileaufhängung das eine Ende eines 30 cm langen Fadens an die linke Seite der langen Mobilestange anknoten, vier Holzperlen auffädeln und das andere Ende an der rechten Seite anknoten.
Je zwei Holzperlen nach rechts und links verteilen.

Drachen-wetter

Beschreibung Seite 30

Happy Birthday

Beschreibung
Seite 30

Drachenwetter

Abbildung Seite 28

Material

- Moosgummi
- Moosgummi mit Wellenstruktur
- 1 Holzmobilestange, 30 cm
- 1 gelbe Holzperle, 10 mm ø
- 6 weiße Holzperlen, 5 mm ø
- 2 naturfarbene Holzoliven, 4 mm ø
- 4 ovale Wackelaugen, 15 mm
- 30 cm grünes Geschenkband, 1 cm breit
- Gelber Bast

Je eine hellblaue und eine weiße Wolke überlappend miteinander verkleben. Durch die Regentropfen jeweils einen Faden (12 cm) ziehen, eine kleine Holzperle auffädeln, das längere Ende durch die Wolken ziehen und verknoten. Die mittleren Tropfen kürzer verknoten, sodass die drei Tropfen jeder Wolke im Bogen hängen. Die Wolken mit einem 30 cm langen Faden an die Enden der Mobilestange hängen. Holzoliven aufstecken.

Aus dem Drachenkörper (zweimal ausschneiden) an jeder Ecke mit der Lochzange Löcher ausstanzen. Vorder- und Rückseite aneinanderkleben und auf beiden Seiten Wackelaugen, Nase und Mund anbringen.
In die oberen drei Löcher Bastfäden (8 cm) einknoten und die Enden auseinanderdrehen, sodass Schleifen entstehen.

Die Schleifen für den Drachenschwanz mit etwas Abstand auf das Geschenkband kleben. An dem unteren Ende eine Holzperle auffädeln und festkleben. Das obere Ende am Drachen festknoten.
Einen 20 cm langen Faden am oberen und seitlich ausgestanzten Loch befestigen und in die Mitte der Mobilestange knoten. Zur Aufhängung rechts und links vom Drachen die Enden eines 40 cm langen Fadens anknoten.

Happy Birthday

Abbildung Seite 29

Material

- Moosgummi
- 1 Metallmobilestange, 25 cm
- 2 Metallmobilestangen, 15 cm
- 1 gelbe Holzscheibe (Perle), 3 mm ø
- 9 gelbe Holzperlen, 10 mm ø
- 4 ovale Wackelaugen, 15 mm
- Gelbes, orange- und fliederfarbenes Krepppapier

Die Nase mit einem schwarzen Stift auf das Schnauzenteil aufmalen und dieses sowie die Ohren, Wackelaugen, die Fliege und den Partyhut auf die Vorderseite kleben. Die Rückseite gegengleich bekleben. Bevor der Partyhut gegengeklebt wird, neun 0,5 cm breite und 12 cm lange Krepppapierstreifen (drei von jeder Farbe) dazwischen kleben, sodass sie aus der Hutspitze herausschauen.

Juche, Eis und Schnee

Beschreibung
Seite 32

Den Kopf mit einem 15 cm langen Faden in die Mitte der langen Mobilestange hängen.

Wählen Sie die gewünschte Zahl und versehen diese an den markierten Stellen mit einem Faden (jeweils 30 cm). Auf den unteren Faden eine Holzperle auffädeln und eine kurze Mobilestange anhängen.

Die Jubeltüten an der Längsseite zusammenkleben. In die Öffnung je neun 1 cm breite und 40 cm lange Kreppapierstreifen, die zur Hälfte genommen und zusammengedreht sind einkleben. Die Tüten zunächst an der markierten Stelle mit einer Nadel einstechen und auspendeln. Die Tütenspitze sollte nach unten geneigt hängen. Evtl. neu einstechen und mit einem 20 cm langen Faden an die Enden der kurzen Mobilestangen hängen.

Je ein Zahlen-Tüten-Element an die Enden der langen Mobilestangen hängen. Zur Mobileaufhängung einen Faden in die Mitte der langen Mobilestange knoten und zwei Holzperlen auffädeln. Die Holzperlen auf die Enden der Mobilestangen stecken.

Juche; Eis und Schnee

Abbildung Seite 30

Material

- Moosgummi
- Moosgummi mit Wellenstruktur
- 1 Metallmobilestange, 20 cm
- 2 Metallmobilestangen, 15 cm
- 1 gelbe linsenförmige Holzperle, 10 mm ø
- 2 gelbe Holzperlen, 10 mm ø
- 7 rote Holzperlen, 10 mm ø
- 3 naturfarbene Holzperlen, 8 mm ø
- 4 ovale Wackelaugen, 10 mm

Den Schneemännern das Gesicht und die Knöpfe von vorn, den Hut von hinten aufkleben. Nach oben einen 20 cm und nach unten einen 15 cm langen Faden anknoten. Auf den unteren Faden je eine rote Holzperle auffädeln und eine kurze Mobilestange anhängen.

Für den Schlitten je zwei Schlittenkufen unter eine Sitzfläche kleben. Zur Aufhängung die Nadel mit einem 20 cm langen Faden einmal von oben, wie markiert, in die Sitzplatte einstechen und daneben

wieder nach oben durchziehen, verknoten und an die Enden der kurzen Mobilestangen hängen. Je eine rote Holzperle aufstecken.

An die Schneekristalle einen Faden (15 cm) knoten. Je eine naturfarbene Holzperle auffädeln und in die Mitte der langen Mobilestange hängen. Dabei die äußeren Kristalle etwas kürzer knoten.

Die Schneemann-Schlitten-Elemente an die Enden der langen Mobilestange hängen. Auf die Enden der langen Mobilestange Holzperlen aufstecken. In die Mitte der langen Mobilestange einen 30 cm langen Aufhängfaden knoten und die restlichen Holzperlen auffädeln.